Conception :

Laurence et Vincent Lefèvre

(Bout de Gomme)

Professeurs des écoles

Illustrations :

Vincent Lefèvre

Remerciements tout particuliers

à Julie Legrand.

Sommaire

Révisions

Bienvenue au CM2 !

C'est parti !

Calcul réfléchi

L'addition des entiers

Date :

1 Calcule sans poser l'opération.

272 + 142 = ______

2 007 + 820 = ______

2 210 + 412 = ______

4 314 + 256 = ______

6 231 + 4 532 = ______

2 Calcule sans poser l'opération.

3 621 + 242 = ______

7 520 + 2 100 = ______

10 520 + 3 200 = ______

15 200 + 2 610 = ______

21 600 + 13 050 = ______

3 Relie 2 à 2 les étiquettes pour obtenir 100.

90	25	70	35	45
55	10	75	30	65

4 Relie 2 à 2 les étiquettes pour obtenir 1000.

850	320	550	50	10
950	990	680	150	450

2 Calcul réfléchi
L'addition des entiers

Date :

1 Calcule en ligne comme dans l'exemple.

154 632 + 231 142 =
(100 000 + 200 000) + (50 000 + 30 000) + (4 000 + 1 000)
+ (600 + 100) + (30 + 40) + (2 + 2)
= 300 000 + 80 000 + 5000 + 700 + 70 + 4
= 385 774

221 307 + 236 120 = ____________________

____

____

____

531 342 + 236 236 = ____________________

____

____

____

2 Calcule sans poser l'opération.

731 + 529 + 374 = ____________

484 + 4 231 + 522 = ____________

23 201 + 4 321 = ____________

12 162 + (2 500 + 1 500) = ____________

72 000 + (25 000 + 35 000) = ____________

Opérations

L'addition des entiers

Date :

1 Effectue ces additions.

	7	0	2	1
+	1	5	0	3

	5	2	6	3
+	5	4	5	5

2 Pose ces additions et calcule.

1 352 + 842 =

3 452 + 2 591 =

3 Calcule à l'aide de ta calculatrice.

8 532 + 9 678 = ____________

18 635 + 8 201 = ____________

59 632 + 36 005 = ____________

152 695 + 65 200 = ____________

585 231 + 309 654 = ____________

Date :

1 Effectue ces additions.

	3	1	4	7
	3	8	2	5
+	2	9	0	4

	5	1	4	3	6
	1	3	4	8	2
+			4	0	3

2 Pose ces additions et calcule.

30 052 + 13 386 =

48 627 + 25 395 =

3 Calcule à l'aide de ta calculatrice.

127 493 + 372 507 = ____________

345 700 + 204 300 = ____________

289 310 + 310 690 = ____________

461 092 + 188 908 = ____________

309 700 + 390 300 = ____________

Date :

1 Complète le tableau.

62	41	53	112	36
103				

2 Complète les opérations.

	3	.	6	5
+	6	0	.	1
	.	6	9	6

		(1)		(1)	
		5	.	0	.
+		.	2	.	3
	1	4	0	5	0

3 Colorie l'ordre de grandeur qui correspond au résultat.

5 962 + 3154 → 9 000 | 80 000 | 100 000 | 5 000

620 315 + 610 520 → 1 000 000 | 1 200 000 | 1 500 000 | 5 000 000

9 420 + 14 900 → 40 000 | 25 000 | 15 000 | 55 000

18 321 + 4 900 → 15 000 | 35 000 | 25 000 | 45 000

789 231 + 1 120 005 → 2 000 000 | 7 000 000 | 3 000 000 | 4 000 000

Calculs et opérations

L'addition des entiers

Date :

1 Calcule à l'aide de ta calculatrice.

5 600 000 + 685 212 + 896 = ______________

35 263 200 + 962 785 + 63 210 = ______________

6 968 758 + 652 963 + 157 251 = ______________

123 630 + 354 253 + 987 200 = ______________

321 + 984 + 654 + 898 = ______________

2 Complète cette addition.

	4	9	5	7	4	6
+		.	.	.	.	.
+			5	3	7	7
	5	5	5	4	4	4

3 Pose cette addition et calcule.

789 520 637 + 628 421 362 + 1 804 169 001

Calcul réfléchi

L'addition des entiers

Date :

1 Complète ces carrés magiques.

8			→ 30
	10	4	→ 30
	12		→ 30
↓ 30	↓ 30	↓ 30	↘ 30

3	8		→ 18
		2	→ 18
	4		→ 18
↓ 18	↓ 18	↓ 18	↘ 18

		21	→ 51
	17		→ 51
		23	→ 51
↓ 51	↓ 51	↓ 51	↘ 51

20		37	→ 87
	29		→ 87
21			→ 87
↓ 87	↓ 87	↓ 87	↘ 87

	26	28	→ 69
	23		→ 69
			→ 69
↓ 69	↓ 69	↓ 69	↘ 69

			→ 123
59		23	→ 123
		53	→ 123
↓ 123	↓ 123	↓ 123	↘ 123

Calcul réfléchi

La soustraction des entiers

Date :

1 Calcule sans poser l'opération.

1 700 – 200 = ______	3 100 – 6 = ______
2 720 – 200 = ______	5 100 – 45 = ______
3 530 – 30 = ______	1 400 – 8 = ______
1 560 – 160 = ______	61 000 – 5 = ______
2 600 – 150 = ______	22 000 – 42 = ______

2 Calcule le complément à 100.

42	
24	
11	
8	

3 Calcule le complément à 1000.

559	
498	
384	
261	

4 Calcule le complément à 100.

52	
61	
76	
39	

5 Calcule le complément à 1000.

632	
951	
127	
764	

La soustraction des entiers

Date :

1 Effectue ces soustractions.

	7	9	2	6
–	2	5	1	3

	8	8	1	7
–	8	4	1	3

2 Pose ces soustractions et calcule.

1 000 – 842 =

3 000 – 1 732 =

3 Calcule à l'aide de ta calculatrice.

113 179 – 36 412 = ____________

94 119 – 4 221 = ____________

85 622 – 15 622 = ____________

966 522 – 312 201 = ____________

18 287 – 5 942 = ____________

Calcul réfléchi

La soustraction des entiers

Date :

1 Calcule sans poser l'opération.

327 – 210 = ______

1 532 – 420 = ______

6 521 – 2 310 = ______

10 000 – 4 000 = ______

346 – 235 = ______

810 – 20 = ______

58 – 25 = ______

254 – 122 = ______

398 – 84 = ______

655 – 210 = ______

2 Calcule sans poser l'opération.

100 – 9 = ______

100 – 25 = ______

300 – 35 = ______

1 000 – 7 = ______

500 – 12 = ______

300 – 3 = ______

300 – 41 = ______

2 000 – 1 800 = ______

1 000 – 600 = ______

8 000 – 5 = ______

3 Calcule sans poser l'opération.

476 – 9 = ______

364 – 9 = ______

951 – 9 = ______

632 – 9 = ______

412 – 9 = ______

533 – 9 = ______

587 – 11 = ______

253 – 11 = ______

842 – 11 = ______

421 – 11 = ______

523 – 11 = ______

743 – 11 = ______

1 Continue les suites.

632	620	608	596				
186	177	168	159				
456	446	436	426				
358	347	336		314			281
		450	425	400			325

2 Complète ces soustractions à trous.

	.	6	4	.
–	3	.	1	7
	0	8	.	5

	7	.	.	3
–	.	5	1	5
	3	6	8	.

3 Colorie l'ordre de grandeur qui correspond au résultat.

8 621 – 596 →	9 000	7 000	5 000	8 000
12 630 – 2 965 →	10 000	20 000	9 000	1 000
6 325 – 1 630 →	7 500	2 500	4 500	5 500
18 321 – 4 900 →	25 000	10 000	5 000	15 000
51 200 – 24 123 →	20 000	15 000	25 000	30 000

Date :

1 Calcule l'ordre de grandeur, puis effectue ces soustractions.

8 521 – 2 757

Ordre de grandeur :

9 000 – 3 000 = ________

15 236 – 6 896

Ordre de grandeur :

____

2 Même exercice.

42 060 – 8 426

Ordre de grandeur :

____

36 521 – 18 963

Ordre de grandeur :

____

13 Calcul réfléchi

La soustraction des entiers

Date :

1 Calcule sans poser l'opération.

364 – 19 = ________

631 – 29 = ________

967 – 39 = ________

374 – 59 = ________

632 – 19 = ________

853 – 39 = ________

123 – 11 = ________

253 – 31 = ________

634 – 21 = ________

492 – 51 = ________

442 – 31 = ________

582 – 41 = ________

2 Calcule sans poser l'opération.

962 – 62 = ________

2 368 – 56 = ________

23 637 – 1 637 = ________

509 – 309 = ________

963 – 53 = ________

2 105 – 1 005 = ________

56 384 – 6 300 = ________

95 341 – 90 341 = ________

982 765 – 765 = ________

10 321 – 5 300 = ________

6 354 – 5 200 = ________

63 541 – 63 040 = ________

3 Calcule sans poser l'opération.

100 600 000 – 500 000 = ________

350 000 – 20 000 = ________

23 637 – 1 637 = ________

490 000 – 50 000 = ________

48 000 000 – 8 500 000 = ________

Calcul rapide

La multiplication des entiers

Date :

1 Effectue les calculs suivants.

15 x 10 = ______

250 x 10 = ______

421 x 10 = ______

1 200 x 10 = ______

360 x 10 = ______

203 x 10 = ______

1 321 x 10 = ______

631 x 10 = ______

47 x 10 = ______

900 x 10 = ______

2 Effectue les calculs ou complète les égalités.

72 x 100 = ______

620 x 100 = ______

632 x 10 = ______

65 x 1 000 = ______

12 x 1 000 = ______

712 x ______ = 7 120

______ x 489 = 4 890

65 x ______ = 650 000

827 x 10 = ______

96 x 1 000 = ______

19 x 10 000 = ______

500 x 100 = ______

387 x ______ = 3 870

______ x 100 = 31 000

204 x 100 = ______

3 Quel est … ?

Le double de 25 → ☐

Le double de 150 → ☐

Le double de 75 → ☐

Le double de 50 → ☐

Le double de 175 → ☐

Le triple de 20 → ☐

Le triple de 30 → ☐

Le triple de 200 → ☐

Le triple de 75 → ☐

Le triple de 25 → ☐

Calcul réfléchi

La multiplication des entiers

Date :

1 Effectue les calculs suivants.

23 x 20 = ____________

34 x 20 = ____________

45 x 20 = ____________

510 x 20 = ____________

32 x 50 = ____________

25 x 30 = ____________

42 x 30 = ____________

23 x 40 = ____________

123 x 40 = ____________

51 x 30 = ____________

2 Calcule en ligne.

(125 + 321) x 100 = ____________

(423 + 537) x 10 = ____________

(35 + 25) x 20 = ____________

20 x (520 – 60) = ____________

(50 – 25) x 20 = ____________

3 Calcule à l'aide de ta calculatrice.

Et trouve le code secret en additionnant tous les résultats obtenus.

+	0	2	7	0	0	75 x 36
						123 x 29
						321 x 81
						478 x 49
Code secret						Total

Date :

1 Effectue ces multiplications.

		2	1	0	4
	x			1	2

			5	2	1	3
		x			2	4

2 Effectue cette multiplication.

						1	2	1	1	1	3	1	0	2
					x				2	2	0	2	1	3

17

Calcul réfléchi

La multiplication des entiers

Date :

1 Calcule sans poser l'opération.

53 x 11 = (53 x 10) + 53 = 530 + 53 = 583

42 x 11 = ______

430 x 11 = ______

35 x 11 = ______

46 x 11 = ______

63 x 11 = ______

2 Calcule sans poser l'opération.

53 x 9 = (53 x 10) – 53 = 530 – 53 = 477

42 x 9 = ______

261 x 9 = ______

430 x 9 = ______

63 x 9 = ______

46 x 9 = ______

3 Calcule sans poser l'opération.

8 x 20 = ______

60 x 60 = ______

40 x 9 = ______

50 x 70 = ______

6 x 80 = ______

70 x 6 = ______

400 x 5 = ______

50 x 50 = ______

600 x 3 = ______

700 x 30 = ______

18 Opérations
La multiplication des entiers

Date :

1 Calcule l'ordre de grandeur, puis effectue ces multiplications.

3 000 x 20 = ____________

____

		3	2	1	5
	x			2	4

			6	3	2	4
		x			3	2

2 Même exercice.

____

____

			4	3	2	6
		x			4	8

			7	2	3	5
		x			4	6

Calcul réfléchi

La multiplication des entiers

Date :

1 Arrondis le premier terme à la dizaine la plus proche et calcule l'ordre de grandeur.

32 x 6 → 30 x 6 = 180
37 x 6 → 40 x 6 = 240

62 x 5 → ____________

78 x 7 → ____________

39 x 6 → ____________

99 x 8 → ____________

51 x 4 → ____________

2 Arrondis chaque terme à la dizaine la plus proche et calcule l'ordre de grandeur.

33 x 64 → 30 x 60 = 1 800

26 x 53 → ____________

49 x 63 → ____________

82 x 46 → ____________

34 x 78 → ____________

51 x 44 → ____________

3 Calcule à l'aide de ta calculatrice.

Et trouve le code secret en additionnant tous les résultats obtenus.

+						86 x 47
						204 x 18
						237 x 73
						387 x 36
Code secret						Total

Date :

1 Calcule l'ordre de grandeur, puis effectue ces multiplications.

			4	3	2	6
		x			5	3

			6	3	2	4
		x			4	7

2 Même exercice.

			5	4	3	7
		x			6	2

			8	0	2	6
		x			7	4

Date :

1 Calcule l'ordre de grandeur comme dans l'exemple.

433 x 67 → 400 x 70 = 28 000

386 x 64 → ____________ = ________

672 x 34 → ____________ = ________

509 x 56 → ____________ = ________

861 x 78 → ____________ = ________

726 x 92 → ____________ = ________

2 Calcule l'ordre de grandeur, puis effectue ces multiplications.

____

				3	4	3	7
	x				6	5	3

____

				7	1	3	5
		x			4	5	7

22 Calcul réfléchi

La multiplication des entiers

Date :

1 Complète les cases vides pour retrouver les bons résultats.

2			→ 14
3		2	→ 30
	3	5	→ 60
↓ 24	↓ 15	↓ 70	

3		2	→ 24
		2	→ 50
	4	3	→ 72
↓ 90	↓ 80	↓ 12	

2 Calcule en ligne.

402 x 2 = ________

520 x 4 = ________

326 x 5 = ________

513 x 8 = ________

1 203 x 4 = ________

315 x 4 = ________

803 x 2 = ________

615 x 3 = ________

264 x 5 = ________

2 300 x 4 = ________

3 Calcule en ligne.

402 x 20 = ________

520 x 0 = ________

6 320 x 100 = ________

365 x 20 = ________

513 x 80 = ________

3 201 x 500 = ________

23 Opérations

La multiplication des entiers

Date :

1 Calcule l'ordre de grandeur, puis effectue ces multiplications.

			4	2	5	8
	x			7	0	5

			8	0	1	6
	x			5	4	8

2 Calcule l'ordre de grandeur, puis effectue ces multiplications.

				7	3	1	5
	x			6	0	0	9

			9	4	0	0
	x			8	5	0

24 Calcul réfléchi et opérations

La multiplication des entiers

Date :

1 Complète ces tableaux en effectuant le moins de calculs possibles.

x	20	22	23	25
15				
17			391	
18				
20				

Sers-toi de chaque calcul pour t'aider à faire le suivant.

Ainsi 22 x 15, c'est 15 de plus que 21 x 15.

2 Complète ces multiplications à trous.

		5	.	3
x			.	5
	2	7	1	5
.	.	.	2	0
2	.	4	3	5

		8	2	4
x			5	.
	.	.	4	4
.	1	.	.	0
.	6	.	.	.

3 Colorie les cases quand le résultat des multiplications est égal à 351 532.
Utilise ta calculatrice.

15 284 x 23	11 232 x 12	14 647 x 24
3 216 x 35	7 642 x 46	3 621 x 98
87 883 x 4	6 351 x 621	3 821 x 92

Date :

1 Complète.

Fais comme moi : 32 = 4 x **8** → 32 est un multiple de **4** et **8**.

45 = 5 x ______ → 45 est un multiple de ______ et de ______

24 = 4 x ______ → 24 est un multiple de ______ et de ______

30 = 6 x ______ → 30 est un multiple de ______ et de ______

56 = 7 x ______ → 56 est un multiple de ______ et de ______

36 = 9 x ______ → 36 est un multiple de ______ et de ______

2 Colorie les multiples de 3 en orange et de 5 en bleu.

987 235 561 800 269 155 25 485 612 745 309 44 603 591 40 237 531 610 332 200 146 610 972 928 992 850 963 730 325 605 427

3 Range les nombres dans la bonne case.

60 61 62 63 64 65 66 67 68 69 70

Multiples de 2	Multiples de 5	Multiples de 3	Multiples de 4
______	______	______	______
______	______	______	______
______	______	______	______

Calcul réfléchi
Multiples et diviseurs

Date :

1 Complète.

32 = 4 x **8** → **4** et **8** sont des diviseurs de 32.

28 = 4 x ____ → ____ et ____ sont des diviseurs de 28.

42 = 6 x ____ → ____ et ____ sont des diviseurs de 42.

55 = 5 x ____ → ____ et ____ sont des diviseurs de 55.

45 = 15 x ____ → ____ et ____ sont des diviseurs de 45.

66 = 22 x ____ → ____ et ____ sont des diviseurs de 66.

2 Trouve les diviseurs.

15 est divisible par ☐ ☐ ☐ ☐

42 est divisible par ☐ ☐ ☐ ☐ ☐ ☐ ☐ ☐

27 est divisible par ☐ ☐ ☐ ☐

36 est divisible par ☐ ☐ ☐ ☐ ☐ ☐ ☐ ☐ ☐

50 est divisible par ☐ ☐ ☐ ☐ ☐ ☐

102 est divisible par ☐ ☐ ☐ ☐ ☐ ☐ ☐ ☐

3 Colorie les multiples de 3.

325	132	624	403	534	201	312	357	726
506	823	219	612	136	426	537	820	200
231	924	342	717	864	352	595	127	364

27 Calcul réfléchi
Multiples et diviseurs

Date :

1 Complète.

56 = 8 x ____ → ____ et ____ sont des diviseurs de 56.

60 = 3 x ____ → ____ et ____ sont des diviseurs de 60.

48 = 4 x ____ → ____ et ____ sont des diviseurs de 48.

72 = 9 x ____ → ____ et ____ sont des diviseurs de 72.

2 Complète en cochant les bonnes réponses.

Est un multiple de...	2	3	5	9	10
18 920	X		X		X
432 108					
14 630 895					
632 760					
930 403 170					
36 952 635					

3 Complète les phrases.

2 3 10 sont des diviseurs de 60

2 4 11 sont des diviseurs de ____

2 5 9 sont des diviseurs de ____

3 4 6 sont des diviseurs de ____

3 5 6 sont des diviseurs de ____

2 4 7 sont des diviseurs de ____

28 Calcul rapide

La division des entiers

Date :

1 Effectue les calculs suivants.

32 : 4 = ____

25 : 5 = ____

21 : 3 = ____

56 : 7 = ____

55 : 5 = ____

27 : 3 = ____

42 : 6 = ____

40 : 8 = ____

63 : 7 = ____

64 : 8 = ____

2 Effectue les calculs ou complète les égalités.

2000 : 100 = ____

240 : 10 = ____

300 : 100 = ____

4200 : 10 = ____

24000 : 100 = ____

6300 : ____ = 63

____ : 10 = 60

3100 : ____ = 31

3200 : 32 = ____

33 : 11 = ____

1600 : 10 = ____

140 : 14 = ____

56000 : 56 = ____

99 : ____ = 9

____ : 10 = 34

____ : 11 = 8

3 Complète.

N'oublie pas, la moitié c'est : 2, le tiers c'est : 3 et le quart c'est : 4.

La moitié de 100 → ____

La moitié de 600 → ____

La moitié de 150 → ____

La moitié de 50 → ____

La moitié de 1500 → ____

Le tiers de 30 → ____

Le tiers de 900 → ____

Le tiers de 33 → ____

Le quart de 100 → ____

Le quart de 120 → ____

29 Calcul réfléchi
La division des entiers

Date :

1 Complète le tableau.

Dividende	Diviseur	Quotient	Reste
1 501	10	150	1
7 223	100		
3 244	10		
563	100		
	100	8	25
34 649		34	

2 Complète les égalités.

48 = (9 x 5) + 3

39 = (9 x ____) + ____

53 = (7 x ____) + ____

76 = (9 x ____) + ____

26 = (3 x ____) + ____

41 = (5 x ____) + ____

57 = (5 x ____) + ____

70 = (8 x ____) + ____

95 = (10 x ____) + ____

62 = (8 x ____) + ____

112 = (11 x ____) + ____

3 Complète les encadrements comme dans l'exemple.

Exemple : 632 divisé par 5 → 5 x 100 < 632 < 5 x 1 000

1 532 divisé par 6 → 6 x ________ < 1 532 < 6 x ________ → Le quotient aura ____ chiffres.

8 321 divisé par 5 → 5 x ________ < 8 321 < 5 x ________ → Le quotient aura ____ chiffres.

23 628 divisé par 8 → 8 x ________ < 23 628 < 8 x ________ → Le quotient aura ____ chiffres.

632 divisé par 9 → 9 x ________ < 632 < 9 x ________ → Le quotient aura ____ chiffres.

853 divisé par 7 → 7 x ________ < 853 < 7 x ________ → Le quotient aura ____ chiffres.

30 Opérations

La division des entiers

Date :

1 Encadre le quotient et effectue les divisions.

4 x 100 < 631 < 4 x 1 000

Le quotient aura ______ chiffres.

	6	3	1	4		

7 x ______ < 853 < 7 x ______

Le quotient aura ______ chiffres.

	8	5	3	7		

2 Même exercice.

6 x ______ < 356 < 6 x ______

Le quotient aura ______ chiffres.

	3	5	6	6		

8 x ______ < 793 < 8 x ______

Le quotient aura ______ chiffres.

	7	9	3	8		

Calcul réfléchi

La division des entiers

Date :

1 Dans chaque case, écris la moitié du nombre de la case précédente.

2 848				
992				
656				
3 216				

2 Complète le tableau en utilisant ta calculatrice.

Dividende	Diviseur	Quotient	Reste
22 440	75	299	15
63 236	59	1 071	
43 608		1 211	12
32 563	83		27
	47	389	38

3 Complète les égalités.

468 : 2 = (400 : 2) + (60 : 2) + (8 : 2) = ______

420 : ______ = (420 : 10) : 3 = ______

268 : 4 = (268 : 2) : 2 = 134 : 2 = ______

______ : 4 = (300 : 4) + (60 : 4) + (8 : 4) = ______

525 : 5 = (______ : 5) + (______ : 5) = ______ + ______ = ______

Calcul réfléchi et opérations
La division des entiers

Date :

1 Complète le tableau.

	son quart est	sa moitié est	son tiers est
96			
	18		
		18	
			2
120			

2 Encadre le quotient, pose ces divisions et calcule.

3 552 : 8 et 4 662 : 6

8 x ______ < 3 552 < 8 x ______

Le quotient aura ______ chiffres.

6 x ______ < 4 662 < 6 x ______

Le quotient aura ______ chiffres.

33 Calcul réfléchi
La division des entiers

Date :

1 Complète.

120 = (24 x 5) + 0 → 120 : 24 = 5

213 = (17 x 12) + 6 → 213 : 12 = _____	Reste _____.
329 = (25 x 13) + 4 → 329 : 25 = _____	Reste _____.
150 = (32 x 4) + 22 → 150 : 32 = _____	Reste _____.
316 = (31 x 10) + 6 → 316 : 31 = _____	Reste _____.
140 = (15 x 9) + 5 → 140 : 15 = _____	Reste _____.

2 Complète les encadrements.

Exemple : 2 632 divisé par 52 → 52 x 10 < 2 632 < 52 x 100

3 654 divisé par 61 → 61 x _____ < 3 654 < 61 x _____ → Le quotient aura ____ chiffres.

8 632 divisé par 73 → 73 x _____ < 8 632 < 73 x _____ → Le quotient aura ____ chiffres.

10 632 divisé par 27 → 27 x _____ < 10 632 < 27 x _____ → Le quotient aura ____ chiffres.

56 302 divisé par 102 → 102 x _____ < 56 302 < 102 x _____ → Le quotient aura ____ chiffres.

86 841 divisé par 85 → 85 x _____ < 86 841 < 85 x _____ → Le quotient aura ____ chiffres.

3 Calcule à l'aide de la calculatrice.

8 631 : 63 =

96 265 : 65 =

6 175 : 325 =

959 152 : 6 352 =

3 540 : 236 =

34 Opérations
La division des entiers

Date :

1 Complète le répertoire multiplicatif, encadre le quotient et effectue la division.

32 x 1 = 32
32 x 2 =
32 x 3 =
32 x 4 =
32 x 5 =
32 x 6 =
32 x 7 =
32 x 8 =
32 x 9 =

32 x _____ < 7 694 < 32 x _____

Le quotient aura _____ chiffres.

7	6	9	4	3	2

(32 x _____) + _____ = 7 694

2 Même exercice.

45 x 1 =
45 x 2 =
45 x 3 =
45 x 4 =
45 x 5 =
45 x 6 =
45 x 7 =
45 x 8 =
45 x 9 =

45 x _____ < 9 776 < 45 x _____

Le quotient aura _____ chiffres.

9	7	7	6	4	5

(45 x _____) + _____ = 9 776

Date :

1 Complète le tableau en calculant de tête.

Dividende	Diviseur	*Quotient entier*	Reste
200		16	8
	23	3	1
62	15	4	
81	11		4
	24	5	3

2 Complète les égalités.

231 = (50 x ______) + ______ → 231 : 50 = ______ Reste ______.

77 = (15 x ______) + ______ → 77 : 15 = ______ Reste ______.

165 = (25 x ______) + ______ → 165 : 25 = ______ Reste ______.

231 = (23 x ______) + ______ → 231 : 23 = ______ Reste ______.

107 = (11 x ______) + ______ → 107 : 11 = ______ Reste ______.

3 Complète les divisions suivantes.

	3	1	7	2		2	4		
	.	.				1	3	2	
	.	.	7						
		.	.						
		.	.	2					
		.	.	.					
				.					

	7	8	6	1		3	3		
	.	.				2	3	8	
	.	.	6						
		.	.						
		.	.	1					
		.	.	.					
				.					

36 Opérations
La division des entiers

Date :

1 Complète le répertoire multiplicatif, encadre le quotient et effectue la division.

62 x 1 =

62 x 2 =

62 x 3 =

62 x 4 =

62 x 5 =

62 x 6 =

62 x 7 =

62 x 8 =

62 x 9 =

62 x ______ < 28 364 < 62 x ______

Le quotient aura _____ chiffres.

	2	8	3	6	4	6	2		

(62 x ______) + ______ = 28 364

2 Même exercice.

53 x 1 =

53 x 2 =

53 x 3 =

53 x 4 =

53 x 5 =

53 x 6 =

53 x 7 =

53 x 8 =

53 x 9 =

53 x ______ < 17 184 < 53 x ______

Le quotient aura _____ chiffres.

	1	7	1	8	4	5	3		

(53 x ______) + ______ = 17 184

Calcul réfléchi

L'addition des fractions

Date :

1 Calcule.

$\frac{3}{2} + \frac{6}{2} + \frac{5}{2} = \frac{\dots}{\dots}$

$\frac{12}{30} + \frac{5}{30} + \frac{23}{30} = \frac{\dots}{\dots}$

$\frac{1}{5} + \frac{3}{5} + \frac{2}{5} = \frac{\dots}{\dots}$

$\frac{6}{54} + \frac{3}{54} + \frac{7}{54} + \frac{2}{54} = \frac{\dots}{\dots}$

$\frac{5}{13} + \frac{1}{13} + \frac{2}{13} = \frac{\dots}{\dots}$

2 Calcule comme dans l'exemple.

$\frac{4}{6} + \frac{5}{6} = \frac{9}{6} = 1 + \frac{3}{6}$

$\frac{8}{9} + \frac{24}{9} = \frac{\dots}{\dots} = \dots + \frac{\dots}{\dots}$

$\frac{6}{15} + \frac{3}{15} + \frac{7}{15} + \frac{2}{15} = \frac{\dots}{\dots} = \dots + \frac{\dots}{\dots}$

$\frac{23}{16} + \frac{12}{16} = \frac{\dots}{\dots} = \dots + \frac{\dots}{\dots}$

3 Mets ces fractions sous le même dénominateur et calcule.

$\frac{4}{10} + \frac{2}{100} = \frac{40}{100} + \frac{2}{100} = \frac{42}{100}$

$\frac{5}{10} + \frac{3}{100} = \frac{\dots}{\dots} + \frac{\dots}{\dots} = \frac{\dots}{\dots}$

$\frac{3}{10} + \frac{2}{100} + \frac{7}{100} = \frac{\dots}{\dots} + \frac{\dots}{\dots} + \frac{\dots}{\dots} = \frac{\dots}{\dots}$

$\frac{7}{1000} + \frac{3}{100} = \frac{\dots}{\dots} + \frac{\dots}{\dots} = \frac{\dots}{\dots}$

Calcul réfléchi

L'addition des fractions

Date :

1 Calcule.

$\frac{6}{3} + \frac{9}{3} + \frac{11}{3} = \frac{.}{.}$

$\frac{20}{100} + \frac{50}{100} + \frac{12}{100} = \frac{.}{.}$

$\frac{6}{7} + \frac{12}{7} + \frac{5}{7} = \frac{.}{.}$

$\frac{52}{1000} + \frac{13}{1000} + \frac{5}{1000} + \frac{7}{1000} = \frac{.}{.}$

$\frac{15}{62} + \frac{10}{62} + \frac{5}{62} = \frac{.}{.}$

2 Calcule comme dans l'exemple.

$\frac{4}{6} + \frac{5}{6} = \frac{9}{6} = 1 + \frac{3}{6}$

$\frac{9}{3} + \frac{17}{3} = \frac{.}{.} = . + \frac{.}{.}$

$\frac{8}{12} + \frac{11}{12} + \frac{24}{12} + \frac{5}{12} = \frac{.}{.} = .$

$\frac{13}{7} + \frac{23}{7} = \frac{.}{.} = . + \frac{.}{.}$

3 Mets ces fractions sous le même dénominateur et calcule.

$\frac{4}{10} + \frac{2}{100} = \frac{40}{100} + \frac{2}{100} = \frac{42}{100}$

$\frac{52}{1000} + \frac{5}{100} = \frac{.}{.} + \frac{.}{.} = \frac{.}{.}$

$\frac{8}{10} + \frac{11}{100} + \frac{24}{1000} = \frac{.}{.} + \frac{.}{.} + \frac{.}{.} = \frac{.}{.}$

$\frac{12}{100} + \frac{2}{10} + \frac{50}{1000} = \frac{.}{.} + \frac{.}{.} + \frac{.}{.} = \frac{.}{.}$

Calcul rapide

L'addition des décimaux

Date :

1 Complète ces suites.

	5	6,5						15,5	
18,5				24,5	26				
	10			10,6	10,8			11,4	

2 Calcule en ligne.

52,5 + 2,5 = ________
10,5 + 3 + 1,5 = ________
5,5 + 3,5 = ________
3,25 + 2,25 = ________
0,5 + 0,5 = ________

5,5 + 4,5 = ________
2,5 + 0,5 + 2 = ________
5,25 + 1,25 = ________
7,5 + 2,5 = ________
1,5 + 0,5 = ________

3 Calcule.

25 + 0,5 = ________
62 + 0,9 = ________
106 + 0,08 = ________
52 + 21,6 = ________
38 + 20,5 = ________

77 + 0,55 = ________
31 + 0,63 = ________
36 + 4,8 = ________
25 + 25,2 = ________
20,4 + 75 = ________

40 Opérations

L'addition des décimaux

Date :

1 Effectue ces additions.

	4	3,	5	2
+		8,	4	3

	2	0	1,	7	1
+		3	2,	8	5

2 Pose ces additions et calcule.

23,65 + 3,89

86,23 + 96,5

3 Calcule à l'aide de ta calculatrice.

56,23 + 63,5 + 1,56 = ____________

89,63 + 100,2 = ____________

583,99 + 0,55 + 3,84 = ____________

34,212 + 8,569 = ____________

123,57 + 10,55 + 96,32 = ____________

Opérations

L'addition des décimaux

Date :

1 Effectue ces additions.

	3	1,	4	7
	2	3,	2	
+		9,	0	4

	1	2	2,	4	
		9	8,	1	2
+			1,	7	

2 Pose ces additions et calcule.

25,51 + 61,3 + 5,6 =

923,5 + 57,31 + 19,2 =

3 Calcule à l'aide de ta calculatrice.

49,05 + 8,65 + 12,3 = ____________

0,652 + 0,211 + 0,137 = ____________

2,6 + 0,862 + 1,538 = ____________

4,63 + 3,55 + 1,82 = ____________

95,69 + 1,962 + 2,348 = ____________

Date :

1 Complète le tableau.

2,5	0,3	1,2	1,1	0,8
2,8				

2 Complète les opérations.

		.	, 2	5
+	5	2	, .	3
	.	7	, 7	8

		(1)	(1)	(1)	
		6	.	, 1	.
+		.	3	, .	4
	1	5	2	, 0	2

3 Colorie l'ordre de grandeur qui correspond au résultat.

15,23 + 5,632 → 6 000 | 20 | 50 | 600

0,5623 + 1,321 → 2 | 6 000 | 10 | 60

195,2 + 5,965 → 7 000 | 500 | 5 | 200

400,4 + 53,6 + 48,2 → 500 | 50 | 5 000 | 5

18,214 + 1,9 → 200 | 2 000 | 20 | 2

1 Calcule à l'aide de ta calculatrice.

605,05 + 13,96 + 0,99 = ______

60,548 + 486,6 + 352,65 + 100,202 = ______

75,23 + 21,72 + 3,05 = ______

18,095 + 26,183 + 5,722 = ______

463,8 + 296,65 + 127,55 = ______

2 Complète cette addition.

		3	5	7,	3	0	4
+		.	.	.,	.	.	.
+				6,	8	1	0
		5	0	5,	5	0	5

3 Pose cette addition et calcule.

419,66 + 84,24 + 6,235

Calcul rapide

L'addition des décimaux

Date :

1 Calcule sans poser l'opération.

2,3 + 0,2 = ______
5 ,1 + 0,2 = ______
12,2 + 0,2 = ______
10,7 + 0,2 = ______
9,8 + 0,2 = ______

7,1 + 0,5 = ______
31,07 + 0,5 = ______
4,5 + 0,5 = ______
9,8 + 0,5 = ______
49,5 + 0,5 = ______

2 Calcule sans poser l'opération.

4,3 + 5,4 = ______
26,6 + 43,1 = ______
6,05 + 2,14 = ______
21,3 + 9,7 = ______
33,5 + 17,5 = ______

6,32 + 14,28 = ______
28,7 + 2,3 = ______
3,8 + 9,4 = ______
61,25 + 3,75 = ______
3,72 + 4,28 = ______

3 Trouve les compléments.

Exemple : 3,5 + **6,5** = 10

0,2 + ______ = 1
______ + 0,5 = 1
0,1 + ______ = 1
0,4 + ______ = 1
0,3 + ______ = 1

5,5 + ______ = 10
______ + 6,8 = 10
6,5 + ______ = 10
9,1 + ______ = 10
______ + 8,1 = 10

9,2 + ______ = 10
______ + 7,4 = 10
1,5 + ______ = 10
2,1 + ______ = 10
______ + 4,3 = 10

Calcul réfléchi

L'addition des décimaux

Date :

1 Calcule sans poser l'opération.

3,3 + 0,03 = ______
5,21 + 0,03 = ______
2,09 + 0,03 = ______
8 + 0,03 = ______
0,12 + 0,03 = ______

7,1 + 0,01 = ______
11,08 + 0,01 = ______
13,53 + 0,01 = ______
5,09 + 0,01 = ______
99,99 + 0,01 = ______

2 Complète les suites.

	2,2	2,25						2,55	
5,06				5,86	6,06				6,86

3 Complète les égalités.

0,32 + ______ = 1
______ + 0,85 = 1
0,91 + ______ = 1
0,04 + ______ = 1

0,73 + ______ = 1
0,55 + ______ = 1
______ + 0,37 = 1
0,89 + ______ = 1

0,27 + ______ = 1
0,92 + ______ = 1

4 Calcule sans poser l'opération.

7,4 + 6,2 = ______
3,6 + 17,4 = ______
7,04 + 2,05 = ______

7,1 + 0,01 = ______
89,35 + 1,21 = ______
6,25 + 3,75 = ______

46

Calcul réfléchi

La soustraction des décimaux

Date :

1 Calcule sans poser l'opération.

38,5 – 10 = ______

42,12 – 32 = ______

17,5 – 5 = ______

63,16 – 12 = ______

26,07 – 15 = ______

100,1 – 25 = ______

85,2 – 40 = ______

56,2 – 2 = ______

39,15 – 9 = ______

68,7 – 17 = ______

2 Calcule.

3,7 – 0,5 = ______

8,6 – 0,5 = ______

10,9 – 0,5 = ______

8,4 – 0,5 = ______

24,4 – 0,5 = ______

4,5 – 0,9 = ______

14,6 – 0,9 = ______

31,2 – 0,9 = ______

64,7 – 0,9 = ______

47,8 – 0,9 = ______

3 Calcule sans poser l'opération.

2 – 0,5 = ______

7 – 4,5 = ______

52 – 0,5 = ______

7 – 0,5 = ______

47 – 0,25 = ______

47 Opérations
La soustraction des décimaux

Date :

1 Pose ces soustractions et calcule.

75,26 – 12,12

138,6 – 25,5

2 Même exercice.

65,96 – 14,58

86,23 – 27,32

3 Calcule à l'aide de ta calculatrice.

726,2 – 12,65 = ____________

63,08 – 39,84 = ____________

100,56 – 19,65 = ____________

346,09 – 73,89 = ____________

146,84 – 59,75 = ____________

Calcul réfléchi

La soustraction des décimaux

Date :

1 Complète à l'entier supérieur.

3,5 → ______
2,4 → ______
18,1 → ______
49,7 → ______
52,9 → ______

12,3 → ______
25,8 → ______
9,6 → ______
2,25 → ______
12,31 → ______

9,55 → ______
62,82 → ______
1,05 → ______
2,89 → ______
10,98 → ______

2 Calcule.

5,4 – 1,1 = ______
32,45 – 1,1 = ______
3,9 – 1,1 = ______
12,8 – 1,1 = ______
1,12 – 1,1 = ______

6,5 – 1,5 = ______
9 – 1,5 = ______
3,8 – 1,5 = ______
4,2 – 1,5 = ______
51,3 – 1,5 = ______

3 Complète les suites.

4,6	4,4	4,2							
6,53	6,33	6,13							
8,56	8,51	8,46							

La soustraction des décimaux

Date :

1 Pose ces soustractions et calcule.

868,12 − 24,01

650,14 − 65,7

2 Complète ces soustractions à trous.

		1	5,	2	.
−			.,	3	7
		.	1,	.	2

	.	6	3,	9	.
−		.	9,	.	1
	4	7	.,	5	9

3 Évalue l'ordre de grandeur du résultat.

152,25 − 49,5 → ________ − ________ = ________

39 807,52 − 12 123,98 → ________ − ________ = ________

967,35 − 161,65 → ________ − ________ = ________

2 056,92 − 352,6 → ________ − ________ = ________

483,9 − 108,98 → ________ − ________ = ________

Date :

1 Calcule l'ordre de grandeur, puis effectue ces soustractions.

568,12 – 16,208

Ordre de grandeur :

860,75 – 49,08

Ordre de grandeur :

2 Même exercice.

2 632,5 – 532,12

Ordre de grandeur :

876,05 – 78,56

Ordre de grandeur :

Calcul rapide

La multiplication des décimaux

Date :

1 Effectue les calculs suivants.

5,6 x 10 = ______

12,5 x 10 = ______

9,3 x 10 = ______

81,6 x 10 = ______

0,2 x 10 = ______

1,65 x 10 = ______

45,32 x 10 = ______

6,34 x 10 = ______

9,02 x 10 = ______

10,05 x 10 = ______

2 Effectue les calculs suivants.

10,53 x 100 = ______

1,55 x 100 = ______

63,2 x 10 = ______

20,321 x 1 000 = ______

15,32 x 1 000 = ______

3,5 x ______ = 350

0,56 x ______ = 5,6

12,8 x 1 000 = ______

10,301 x 1 000 = ______

93,15 x 100 = ______

0,5 x ______ = 5 000

______ x 100 = 151

3 Calcule les doubles et les triples.

Nombres	1,5	2,5	0,25	5,2	35,5
Le double					

Nombres	5,3	6,1	8,2	5,03	10,01
Le triple					

Calcul réfléchi

La multiplication des décimaux

Date :

1 Effectue les calculs suivants.

(3,5 + 6,12) x 10 = ________

(114,52 + 2,1) x 10 = ________

(5,23 + 1,5) x 10 = ________

10 x (7,20 – 2,01) = ________

2 Effectue les calculs suivants.

x	10	100
3,5		
12,3		
2,6		
12,25		

x	100	1 000
31,2		
63,96		
19,5		
3,01		

3 Complète les égalités.

________ x 10 = 32

________ x 10 = 63,8

10 x ________ = 73,2

________ x 10 = 45,32

10 x ________ = 0,8

________ x 100 = 236

________ x 100 = 782

100 x ________ = 1 327

________ x 100 = 3 652

100 x ________ = 23,54

53

Opérations

La multiplication des décimaux

Date :

1 Calcule l'ordre de grandeur, puis effectue ces multiplications.

		5	3,	3	1
x					5

	2	3	5,	3	2
x				2	4

2 Même exercice.

		7	0,	8	3
x				4	2

		8,	5	7	9
x				6	4

Calcul réfléchi

La multiplication des décimaux

Date :

1 Effectue les calculs suivants.

3,5 x 2 = (3 x 2) + (0,5 x 2) = 7

_______ x 5 = (6 x 5) + (0,5 x 5) = _______

_______ x 3 = (7 x 3) + (0,5 x 3) = _______

_______ x 4 = (10 x 4) + (0,5 x 4) = _______

_______ x 5 = (8 x 5) + (0,5 x 5) = _______

2 En t'aidant du résultat donné, trouve les résultats des autres calculs.

432 x 26 = **11 232**
4,32 x 26 = _______
43,2 x 26 = _______
0,432 x 26 = _______
43,2 x 260 = _______
432 x 2,6 = _______

10,06 x 38 = **382,28**
1 006 x 3,8 = _______
100,6 x 3,8 = _______
1,006 x 38 = _______
10,06 x 3,8 = _______
1 006 x 38 = _______

3 Calcule les doubles et les quadruples.

Nombres	0,75	1,5	3,5	7,4	10,5
Le double					

Nombres	2,2	0,5	1,25	0,25	2,5
Le quadruple					

Opérations

La multiplication des décimaux

Date :

1 Calcule l'ordre de grandeur, puis effectue ces multiplications.

263,7 x 5,3

63,52 x 26,2

2 Même exercice.

89,54 x 6,89

132,67 x 35,04

56 Calcul réfléchi

La multiplication des décimaux

Date :

1 Calcule en ligne.

24,4 x 0,5 = ________

30,6 x 0,5 = ________

56,8 x 0,5 = ________

64,84 x 0,5 = ________

10,24 x 0,5 = ________

2 Place la virgule oubliée dans le résultat.

56,2 x 96,32 = 5413184

0,645 x 1,88 = 12126

9,63 x 963,2 = 9275616

465,3 x 78 = 362934

700,02 x 9,4 = 6580188

3 Calcule sans poser l'opération.

3,4 x 2 = ________

2,3 x 5 = ________

0,4 x 3 = ________

1,7 x 2 = ________

1,5 x 3 = ________

2,4 x 5 = ________

0,52 x 3 = ________

4,1 x 4 = ________

0,15 x 4 = ________

2,4 x 6 = ________

Calcul réfléchi

La multiplication des décimaux

Date :

1 Calcule en ligne.

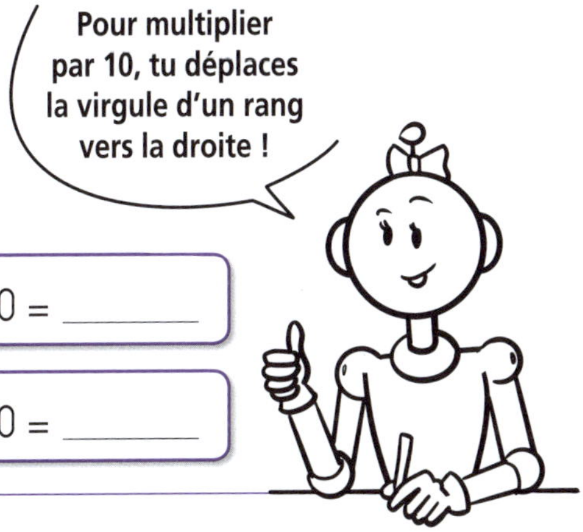

78,8 x 10 = ______

4,23 x 10 = ______

0,5 x 10 = ______

6,23 x 10 = ______

3,7 x 10 = ______

2 Calcule en ligne.

2,31 x 100 = ______

6,45 x 100 = ______

0,15 x 100 = ______

6,5 x 100 = ______

43,7 x 100 = ______

3 Complète le tableau.

x	10	100	1 000
1,003			
5,32			
21,02			
3,5			
633,12			

Calcul rapide

La division avec quotient décimal

Date :

1 Trouve le quotient exact de ces divisions sans poser l'opération.

3 : 2 → ______	7 : 2 → ______	10 : 4 → ______
9 : 2 → ______	13 : 2 → ______	18 : 4 → ______
11 : 2 → ______	45 : 2 → ______	22 : 4 → ______
15 : 2 → ______	6 : 4 → ______	30 : 4 → ______
33 : 2 → ______	2 : 4 → ______	26 : 4 → ______

2 Calcule sans poser l'opération.

44,2 x 0,5 = ______

6,4 x 0,5 = ______

8,8 x 0,5 = ______

2,4 x 0,5 = ______

1,6 x 0,5 = ______

3 Calcule sans poser l'opération.

30 x 0,1 = ______

13,1 x 0,1 = ______

10,5 x 0,1 = ______

3,5 x 0,1 = ______

100,5 x 0,1 = ______

Opérations

La division avec quotient décimal

Date :

1 Effectue ces divisions.

6	0		8		

1	8	2		3	5

2 Effectue ces divisions.

1	2	5	4		4	4	

2	0	1	5		2	5	

60 Calcul instrumenté

La division avec quotient décimal

Date :

1 À l'aide de ta calculatrice, calcule le quotient entier et indique le reste.

	Quotient entier	Reste
exemple	236 : 5 = **47**,2	236 – (47 x 5) = **1**
236 : 5	47	1
634 : 23		
5 901 : 65		
3 694 : 81		
16 354 : 357		
46 003 : 951		

2 Effectue les divisions au brouillon et complète le tableau.

	Quotient entier	Résultat arrondi au dixième le plus proche	Résultat arrondi au centième le + proche
226 : 8			
343 : 13			
1 632 : 46			
2 591 : 53			
25 781 : 448			

3 Complète le tableau (tu peux faire les calculs au brouillon).

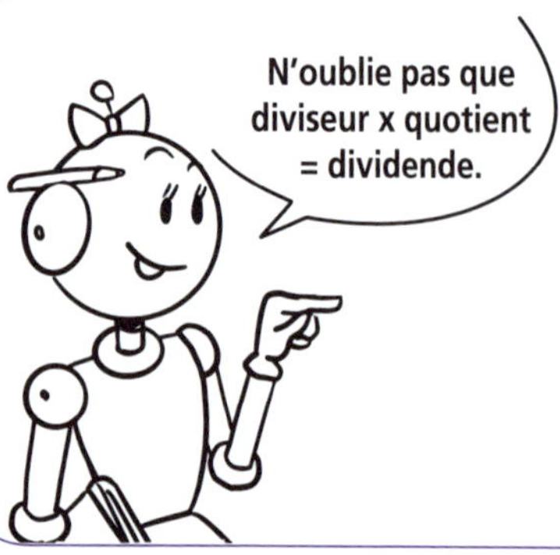

Dividende	Diviseur	Quotient
56	5	11,2
324		7,2
532	56	
810		32,4
4 023	45	

Date :

1 Complète le répertoire multiplicatif, encadre le quotient et effectue la division au centième près.

42 x 1 =

42 x 2 =

42 x 3 =

42 x 4 =

42 x 5 =

42 x 6 =

42 x 7 =

42 x 8 =

42 x 9 =

_____ x _____ < 753 < _____ x _____

La partie entière du quotient aura _______ chiffres.

7	5	3	4	2

2 Même exercice.

151 x 1 =

151 x 2 =

151 x 3 =

151 x 4 =

151 x 5 =

151 x 6 =

151 x 7 =

151 x 8 =

151 x 9 =

_____ x _____ < _____ < _____ x _____

La partie entière du quotient aura _______ chiffres.

8	9	3	1	1	5	1

62 Calcul rapide
La division des décimaux

Date :

1 Calcule en ligne.

32,5 : 10 = ____________

53,12 : 10 = ____________

6,2 : 10 = ____________

12,5 : 10 = ____________

230,1 : 10 = ____________

2 Calcule en ligne.

233,1 : 100 = ____________

32,1 : 100 = ____________

100,3 : 100 = ____________

10,2 : 100 = ____________

437 : 100 = ____________

3 Calcule sans poser l'opération.

:	10	100	1 000
100,3			
53,2			
121,02			
3,5			
312,3			

63 Calcul réfléchi

La division des décimaux

Date :

1 Donne le quotient décimal approché de : 6 376,5598 : 13 = 490,5046

Au dixième près → ____________________

Au centième près → ____________________

Au millième près → ____________________

2 Indique le quotient décimal de ces divisions.

465 : 10 = ________	35 : 10 = ________
3 691 : 100 = ________	52 : 100 = ________
653 : 100 = ________	78 521 : 100 = ________
81 : 10 = ________	796 : 10 = ________
36 952 : 1 000 = ________	3 : 1 000 = ________

3 Calcule sans poser l'opération.

12,3 : 3 = ________	250,50 : 50 = ________
45,5 : 5 = ________	600,90 : 30 = ________
32,16 : 4 = ________	32,16 : 4 = ________
27,15 : 3 = ________	0,048 : 8 = ________
30,42 : 6 = ________	0,81 : 9 = ________

Date :

1 Complète ces tableaux de proportionnalité.

4	5	7	9	11	12

x 5

1,5	2,5	5,5	12,5	20,5	32,5

x 2

3	10	12	32	45	50

x 0,1

2 Trouve les coefficients de proportionnalité et complète les tableaux.

____

3	4	5	6	7	8
12					

____

1	2	14	20	101	150
					600

____

3	10	12	32	45	50
			320		

____

3	5	10	42	90	111
1,5					

Calcul réfléchi

La proportionnalité

Date :

1 Trouve les coefficients de proportionnalité et complète les tableaux.

: ___ (→) / x ___ (←)

	6
16	2
40	
80	
160	
	8
	50

x ___ (→) / : ___ (←)

	54
	306
12	
67	
23	
9	81
	405

: ___ (→) / x ___ (←)

9	4,5
	6,5
	2,2
	28
	450
150	
15	

x ___ (→) / : ___ (←)

5	55
	77
	110
	154
25	
127	
231	

2 Complète ces tableaux de proportionnalité en t'aidant de ta calculatrice.

1	4	6	7,5	42,3	51,6
1,5					
3					
6,6					

x ___ (1 → 1,5)
x ___ (1,5 → 3)
x ___ (3 → 6,6)
x ___ (1 → 6,6)

1 Complète ces tableaux de pourcentage.

100 %	10 %	20 %	50 %	60 %	90 %
100					
200					
300					
150					
75					

2 Complète ces tableaux de pourcentage en t'aidant de ta calculatrice.

100 %	0,5 %	1 %	5 %	9 %
50				
1 000				
35				
62				
364				
99				
7				

5% de 50, c'est :
$50 \times \frac{5}{100}$
c'est-à-dire 50 fois 5 divisé par 100.

Opérations • Révisions

L'addition et la soustraction des décimaux

Date :

1 Pose ces additions et calcule.

6,21 + 12,8 + 0,58 + 32

52,4 + 30,01 + 2,9 + 8,27

36,8 + 65,98 + 0,84 + 9

2 Pose ces soustractions et calcule.

50,92 – 3,521

100,6 – 53,91

2500 – 45,9

0,65 – 0,074

63,62 – 5,962

12,063 – 7,18

Opérations • Révisions

La multiplication des décimaux et la division des entiers

Date :

1 Effectue les multiplications suivantes.

		7	0,	8	3
x				4	2

		8,	5	7	9
x				6	4

2 Complète le répertoire multiplicatif et effectue ensuite ces divisions au dixième près.

x53									
	1	2	3	4	5	6	7	8	9
	53	____	____	____	____	____	____	____	____

8	6	9		5	3	

2	3	6	4	5	3	